D1664743

Antje Suhr

Die 50 besten
Spiele zur Schul-
vorbereitung

MiniSpielothek

Gerne nehmen wir Ihre Anregungen,
Wünsche, Kritik oder Fragen entgegen:
Don Bosco Medien GmbH, Sieboldstraße 11, 81669 München
Servicetelefon: (0 89) 4 80 08-341

Bibliografische Information Der Deutschen Nationalbibliothek

Die Deutsche Nationalbibliothek verzeichnet diese Publikation
in der Deutschen Nationalbibliografie; detaillierte bibliografische
Daten sind im Internet über http://dnb.d-nb.de abrufbar.

Die Spiele auf den Seiten 25-32, 37-45, 50-56, 59-71, sind
entnommen aus Antje Suhr: Zahlen hüpfen – Buchstaben
springen, Bewegungsspiele zur ganzheitlichen Schulvorbe-
reitung, München 2008.

1. Auflage 2009
ISBN 978-3-7698-1730-0
© 2009 Don Bosco Verlag, München
Umschlag und Illustration: Felix Weinold
Layout: Alexandra Paulus
Produktion: Don Bosco Druck & Design, Ensdorf

Gedruckt auf umweltfreundlichem Papier

Inhalt

Kinder sind keine Fässer,
die gefüllt,
sondern Feuer,
die entzündet werden wollen.

Rabelais

Farben- und Formenspiele

Bewegte Farben

Jedes Kind erhält eine Farbkarte und bewegt sich damit zur Musik durch den Raum. Bei Musikstopp nennt die Spielleiterin Aufgaben, die von den verschiedenen Farben schnell erfüllt werden sollen:

- Rot setzt sich hin,
- Blau läuft in die Ecke,
- Gelb bildet einen Kreis, usw...

Nicht genannte Farben bleiben stehen.

Variation

Die Kinder tauschen während der Bewegung zur Musik die Farbkarten. Bei Musikstopp erfüllt jede Farbe immer die gleiche Aufgabe:

- Rot legt sich auf den Bauch,
- Blau klettert auf eine Bank oder einen Stuhl,
- Gelb läuft in eine Ecke, usw...

Material

Pappkarten, die in der Mitte Farbkleckse in den Grundfarben haben. Musik.

Das Bauklotzspiel

Im Raum werden Bauklötze verteilt. Ein Kind läuft, krabbelt oder kriecht mit einer Spielkarte, auf der verschieden große und farbige Bauklötze in einer Reihe abgebildet sind, durch den Raum und sucht die jeweilig passenden Bauklötze zusammen.

Variation 1

Die Karte wird nicht mit durch den Raum genommen, bleibt also sichtbar auf einem Tisch liegen. Das Kind bringt die einzelnen Steine zurück zum Tisch und vergleicht dort Form und Farbe.

Variation 2

Die Karte wird dem Kind nur gezeigt, daraufhin umgedreht auf den Tisch gelegt. Das Kind legt die Reihenfolge neben die verdeckte Karte.

Variation 3

Zwei Gruppen spielen gegeneinander und „arbeiten"
mehrere Spielkarten ab. Welche Gruppe ist als erstes
fertig?

Material

Bunte Bauklötze. Laminierte Spielkarten mit verschiedenen Bauklotzfolgen.

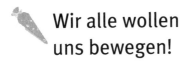

Wir alle wollen uns bewegen!

Die Kinder bewegen sich auf einer Kreislinie um sechs Farbkarten. Dabei wird nach der Melodie von „Ein Vogel wollte Hochzeit machen" folgendes Lied gesungen:

„Wir alle wollen uns bewegen,
kräftig unsere Muskeln regen,
schaut den Würfel an, schaut den Würfel an,
was er uns wohl sagen kann!"

Ein Kind würfelt in der Kreismitte und nennt die Farbe. Die erste Bewegungsform des entsprechenden Farbblattes wird vorgelesen und zum weiteren Liedtext ausgeübt:

„Jetzt ist laufen dran, jetzt ist laufen dran,
jeder läuft so gut er kann!
Jetzt ist laufen dran, jetzt ist laufen dran,
jeder läuft so gut er kann!"

Wird eine Farbe mehrmals gewürfelt, wird die nächste Bewegungsform auf dem Farbblatt vorgelesen (bei jüngeren Kindern nur eine Bewegungsform pro Blatt aufschreiben).

Material

Ein großer Farbwürfel. Sechs verschiedene Farbkarten, welche den Farben auf dem Farbwürfel entsprechen. Auf jede Farbkarte werden ein bis fünf Bewegungsformen geschrieben oder gemalt (laufen, hüpfen, kriechen, schleichen, usw.). Alternativ können auch Fahrzeuge oder Tiere aus Katalogen ausgeschnitten und auf die Farbkarten aufgeklebt werden.

Kleine Farbbriefträger unterwegs

Im Bewegungsraum werden sechs Farbkarten verteilt und in die Raummitte Wäscheklammern und Würfel gelegt. Die Kinder starten mit ihrer Arbeit als Briefträger. Jedes Kind darf erst einmal würfeln, nimmt daraufhin die entsprechende Farbwäscheklammer und befestigt diese an der richtigen Farbkarte.

Variation

Neben den Farbwürfeln können auch Zahlenwürfel eingesetzt werden, welche die Anzahl der „einzuwerfenden" Briefe bestimmen.

Material

Mehrere Farbwürfel. Zu den Würfelfarben passende DIN A4 Farbkarten (Briefkästen). Viele farblich passende Wäscheklammern (Briefe).

Körperformen

Die Kinder formen mit ihren Fingern oder Armen Kreise, Dreiecke, Vierecke und sogar Fünfecke (die Schultern zählen als Ecken). Sind die Formen bei allen gut zu erkennen, ruft ein Spieler eine Zahl, alle anderen Kinder bilden schnell für sich mit den Armen die dazugehörige Form: O=Kreis, 3=Dreieck, 4=Viereck, 5=Fünfeck.

Variation 1

Der Spielleiter ruft eine Zahl, die Kinder bilden entsprechende Gruppen und formen so stehend mit ausgestreckten Armen oder auf dem Boden liegend die genannte Form.

Variation 2

Alle Kinder experimentieren mit dem eigenen Körper und versuchen weitere Vielecke zu bilden.

Dreieck, Viereck, Fünfeck, Kreis, mal laut, mal leis!

Die vier geometrischen Formen werden mit dem Klebeband oder mit Kreide auf dem Boden fixiert. Bei Musikstopp nennt ein Kind eine Lautstärke und eine Form. Alle Kinder laufen (laut oder leise) zu der jeweiligen Form, und balancieren (laut stampfend oder schleichend) über deren Außenlinie.

Material

Musik. Farbiges Isolierklebeband (bitte vorher auf problemfreies Ablösen testen) oder als Alternative Kreide.

Ich seh schon was, was du noch nicht siehst

Alle Kinder stehen in der Raummitte und beobachten den Spielleiter, der ganz langsam ein DIN A4 Blatt aus dem Umschlag zieht. Somit wird nach und nach eine Form erkennbar. Die Kinder dürfen, sobald sie die Form meinen, erkannt zu haben, zu der entsprechenden Form im Raum laufen. Natürlich ist eine spätere Korrektur immer für die Kinder möglich.

Material

DIN A4 Briefumschlag. Viele DIN A4 Blätter, die jeweils mit einer Form bemalt sind. Entsprechend der gemalten Formen auf den DIN A4 Blättern, werden kleine Plastikformen, geklebte Formen oder mit Kreide gemalte Formen auf dem Raumboden verteilt.

Stille Formenpost

Die Kinder stehen paarweise hintereinander, so dass beide das Wandplakat gut sehen können. Das hintere Kind sucht sich nun eine Form aus, die auf dem Plakat vorgegeben ist und malt sie dem Partner mit dem Stiel des Kochlöffels oder mit dem Finger auf den Rücken. Sobald das vordere Kind die Form erkannt hat, läuft es zum Plakat und zeigt auf die erkannte Form. Ist die Form richtig erkannt, wechseln die Kinder ihren Platz, ist die Form noch nicht erkannt, wird sie erneut auf den Rücken gemalt.

Variation 1

Sobald Kinder mitspielen, welche die Begriffe der Formen noch nicht nennen können, hockt sich der Spielleiter neben das Plakat und flüstert dem Kind den richtigen Namen der Form zu. Auch das Kind flüstert daraufhin den Begriff dem Partner in das Ohr.

Variation 2

Nachdem das vordere Kind eine Form auf dem Rücken erkannt hat, malt es diese Form auf ein vor sich liegendes Blatt.

Variation 3

Für ältere Kinder lassen sich neben den Formen auch Zahlen, Buchstaben, Wörter oder chinesische Schriftzeichen verwenden.

Material

Ein großes Plakat, auf dem verschiedene Formen abgebildet sind. Ggf. ein kleiner Kochlöffel.

Formenpendelstaffel

Pro Mannschaft gehen vier Kinder an den Start. Die Formenkarten liegen verdeckt auf dem Boden an der Startlinie, das Bleiband, ein Bogen Papier und ein Stift liegen an der gegenüberliegenden Wand. Zwei Kinder stehen an der Startlinie, zwei weitere stehen neben dem Bleiband, Papier und Stift. Das erste Kind an der Startlinie sieht sich eine Formenkarte an, lässt diese offen liegen und läuft zum Bleiband, um die Form dort möglichst genau nachzulegen. Das vordere Kind auf dieser Seite versucht die Form zu erkennen und malt sie auf. Daraufhin läuft es zur Startlinie, wo sich das dort wartende Kind eine neue Formenkarte ansieht und die Form wiederum mit Bleiband auf der anderen Seite legt. Gespielt wird so lange, bis keine verdeckten Formenkarten mehr an der Startlinie liegen. Erst jetzt kann festgestellt werden, welche Gruppe gewonnen hat, indem die Formenkarten mit den gemalten Formen abgeglichen werden. Die meisten Übereinstimmungen führen zum Sieg.

Material

Laminierte Formenkarten. Für vier Kinder ein ca. 60 cm langes Bleiband. Papier und Stifte.

Butterbrotdosen-Aufgaben

In mehreren Butterbrotdosen wird jeweils ein zusammengefalteter Zettel mit gemalter Aufstellformation gesteckt. Die Dosen werden während der Bewegungsphase zur Musik von Kind zu Kind gereicht. Sobald die Musik stoppt, wird eine Farbe benannt (z.B. die Dose hat die gleiche Farbe, wie die Sonne). Daraufhin wird diese Dose schnell geöffnet. Ohne zu reden sollen die Kinder die Anweisung auf dem Zettel befolgen und sich formieren. Im Anschluss wird die Aufstellung besprochen und richtig benannt (Kreis, Zweierreihe hintereinander, Gasse usw.). Die Kinder dürfen danach die Formen ggf. selbst aufzeichnen.

Variation

Mehrere Mannschaften spielen gegeneinander und lösen die Aufgabe nonverbal in einer Kleingruppe.

Material

Butterbrotdosen und kleine Zettel, auf denen jeweils eine Aufstellformation zu sehen ist (im Kreis stehende

Kinder, in Zweierreihe hintereinander stehende Kinder, in einer Gasse gegenüber kniende Kinder, usw.).
Bewegungsmusik.

Spiele zur Förderung des Sozialverhaltens

Die Reise nach Melasurej

In Anlehnung an das Spiel „Reise nach Jerusalem" laufen alle Kinder zur Musik um die Stuhlreihe herum. Sobald die Musik stoppt, versucht jedes Kind stehend einen Platz auf den Stühlen zu erwischen. Nach jeder Runde wird ein Stuhl aus der Reihe genommen, so dass immer weniger Platz auf den Stühlen bleibt. Die Anzahl der Kinder bleibt jedoch konstant, so dass die Gruppe selbst entscheidet, wann der Platz zu eng und so das Spiel beendet ist.

Material

Für jedes Kind zunächst einen Stuhl: Die Stühle sollen so in eine Reihe gestellt werden, das die Lehnen einmal nach rechts, einmal nach links zeigen. Musik.

Schiffe versenken

Die Kinder bewegen sich als Kapitäne mit ihren Schiffen (Reifen) über das Meer. Zwei Piratenkinder, die mit Kanonenkugeln (Softbällen) ausgestattet sind, versuchen, die Schiffe zu versenken. Das gelingt ihnen, sobald sie die Kapitäne getroffen haben. Schiffbrüchige legen ihr Schiff auf den Meeresboden und rufen laut „SOS", so dass sie von intakten Schiffen aufgenommen werden können.

Material

Jedes Kind erhält einen Reifen. Zwei Softbälle.

Reifenrennen

Alle Kinder stehen an den Händen gefasst in einem Kreis. Ein Reifen hängt über zwei sich festhaltende Hände. Der Kreis bewegt den Reifen weiter, indem jedes Kind durch den Reifen steigt, ohne dass die Hände gelöst werden. Wenn der Reifen ohne Probleme kreist, kann ein weiterer dazu genommen werden, so dass ein Wettspiel entstehen kann.

Material

Ein bis vier Reifen.

Das liebe Krokodil am Nil

Alle Kinder sitzen im Langsitz am Schwungtuchrand und halten das Tuch in Brusthöhe. Ein liebes Krokodilkind darf unter das Tuch, das sich augenblicklich in den Nil verwandelt. Die Urlauberkinder lassen ihre Beine im Nil baumeln. Sobald das liebe Krokodil Urlauber zum spielen in den Nil einladen möchte, wackelt es an deren Füßen. Alle Urlauber, die gerne in den Nil wollen, dürfen daraufhin mit einem Freudenruf abtauchen. Auch sie dürfen andere Urlauber zum Spielen einladen. Das Spiel endet wenn alle Urlauber im Wasser sind.

Variation

Zu dieser freundlichen Krokodilgeschichte gibt es noch eine dramatische Version, die dann „der gefräßige Schreck vom Nil" heißen kann!

Material

Ein großes Schwungtuch.

Haifangen

Zwei sich an den Händen fassende Kinder spielen einen gefräßigen Hai. Sobald sie kleine Fische abgeschlagen haben, laufen diese zu einer Fischsammelstelle (Matte oder Teppichfließen) und verwandeln sich zu zweit auch in einen Hai, der auf Fischjagd geht. Wenn keine Fische mehr unterwegs sind, ist das Spiel vorbei.

Material

Eine große Matte oder mehrere Teppichfliesen.

UNO-Geheimagenten unterwegs

Jedes Kind bewegt sich mit einer geheim gehaltenen UNO-Karte zur Musik durch den Raum. Bei Musikstopp gibt der Spielleiter verschiedene Anweisungen, die von den Kartenbesitzern schnell befolgt werden. Der Spielleiter ordnet die verschiedenen Farben z.B. den verschiedenen vier Ecken zu. Zu Beginn des Spieles wird eine Anweisung mehrfach wiederholt, im weiteren Spielverlauf wird die Anweisung nur noch einmal genannt, so dass die Kinder wirklich konzentriert zuhören müssen.

Sind alle Kinder der Anweisung gefolgt, werden die Geheimkarten kurz verglichen. Da Geheimagenten niemals ein Geheimnis „verpfeifen", dürfen Kinder, die falsch stehen, niemals genannt und ausgelacht werden.

Variation 1

Die Spielkarten werden während die Musik läuft getauscht.

Variation 2

Ein Kind bekommt eine UNO-Sonderkarte und spielt den Spion. Bei dieser Spielweise werden die Karten in den Ecken nicht verglichen und alle Kinder haben durch gute Beobachtung die Aufgabe, den Spion zu entlarven.

Material

Spielkarten des Kartenspiels UNO oder Farbkarten in rot, blau, gelb und grün, die jeweils mit Zahlen von eins bis fünf versehen sind sowie geheimnisvolle Musik.

Die Rücken-Jahres-Uhr

Alle mitspielenden Kinder stehen in einem engen Kreis hintereinander, so dass sie den Rücken des Vorderkindes mit den Händen gut erreichen können. Der Spielleiter erzählt nun, was sich im Laufe eines Jahres so auf einer großen Wiese abspielt. Dabei malen alle Kinder wichtige Details auf den Rücken des Vorderkindes.

Beispiele

Die Sonne scheint. Die Osterglocken und Krokusse sprießen. Die Osterhasen hüpfen über die Wiese. Eine Frau baut einen Liegestuhl auf. Kinder spielen Fußball. Ein paar Regentropfen werden allmählich zu einem starken Regen. Ein Kind lässt einen Drachen steigen. Blätter fallen von den Bäumen. Ein Mann mit Regenschirm und Hund läuft über die Wiese. Erster Schnee fällt. Die Kinder fahren mit Schlitten und Ski einen Berg hinunter. Der Schnee wird zu Regen. Die erste warme Sonne. Osterglocken. Osterhasen. usw...

Die Ritterburg

Die Hälfte der Gruppe verlässt den Raum. Alle restlichen Kinder stellen sich in einen sehr engen Kreis und legen die Arme auf die Schultern der Nachbarn. Der entstandene Kreis stellt die Ritterburg dar. Die Kinder (Mauerteile) denken sich nun einen taktilen Reiz aus, der an der Rückseite des Körpers von den anderen Kindern (Ritter) ausfindig gemacht werden muss (z.B. über die Kniekehle streicheln). Nun wird die andere Gruppenhälfte (Ritter) in den Raum gerufen und darf an der Rückseite des Körpers der einzelnen „Mauerteile" alles an taktilen Reizen ausprobieren, was nicht weh tut! Nur, wenn ein Ritter den richtigen Reiz herausfindet, fällt das entsprechende Mauerteil (das Kind duckt sich). Da die Ritter miteinander reden dürfen, kann das Ergebnis weiter gegeben werden. Sind alle Mauerteile gefallen, dürfen die Ritter die Burg stürmen (indem sie in die Kreismitte gehen und einen Freudenschrei von sich geben).

Bewegtes Kennenlernen

Von der Methodik her wird dieses Spiel wie das bekannte „Kofferpacken" gespielt. Die Kinder stehen in einer kleinen Gruppen von vier bis fünf Kindern in einem Kreis. Das beginnende Kind sagt: „Ich bin die Lena und mache am liebsten das: nun zeigt sie den anderen Kindern im Kreis eine einfache Bewegung. Das Nachbarkind wiederholt daraufhin den Namen und die Bewegung des ersten Kindes und stellt sich daraufhin selbst vor: „Das ist die Lena und die macht am liebsten das: (Bewegung folgt). Ich bin der Jacob und mache am liebsten das: (andere einfache Bewegung folgt)."
So wiederholt jedes Kind die Namen und Bewegungen der vorangegangenen Kinder und stellt sich dann selbst vor. In der zweiten Spielrunde sprechen alle Kinder gleichzeitig und nennen nacheinander alle Namen der Kinder und wiederholen die Bewegungen.
In der dritten Spielrunde versuchen die Kinder jedes Kreises möglichst schnell zu sprechen, damit sie in der vierten Spielrunde in einem Wettkampf gegen die anderen Spielkreise antreten können.

Jetzt wird´s eng

Auf einer Langbank stehen bis zu sechs Kinder. Es wird festgelegt, welche Kinder die Plätze miteinander tauschen sollen, ohne den Boden zu berühren. Die Tauschaktion soll zwar gleichzeitig, aber ohne Wettkampfgedanke stattfinden.

Material

Eine Langbank, die durch zwei Erwachsene an den Enden fixiert wird.

Spiele zur Förderung der Konzentration und des logischen Denkens

Die Zeitungsclowns

Die Kinder denken sich für einen Zeitungsbogenclown einen Namen aus und überlegen mit dem Spielleiter, welche Bewegungen ein solcher Clown durchführen kann, wenn man ihn bewegt. Zusammen werden diese Bewegungen ausgeführt und benannt: hüpfen, gehen, auf einem Bein springen, hinsetzen, hinlegen (auf den Bauch und den Rücken), kullern, drehen usw...

Kennen die Kinder die Bewegungsformen, wird der Clown nun ohne Anweisungen bewegt und die Kinder, die in einer Reihe nebeneinander und dem Clown frontal gegenüber stehen, bewegen sich entsprechend dazu. Nach kurzer Zeit kann er sich auch seitwärts sowie vor- und rückwärts bewegen.

Etwas schwerer, aber viel spannender wird es, wenn die Freundin des Clowns (zweiter Zeitungsbogen) erscheint und sich mit dem ersten Clown bewegt. Dazu werden den Kindern die verschiedenen Clownnamen im Wechsel zugeteilt, so dass jeweils zwei Kinder, die nebeneinander stehen, gemeinsam die zwei Clowns darstellen. Plötzlich geht ein Clown nach vorne, der andere bewegt sich zurück; ein Clown setzt sich, der andere springt über seine ausgestreckten Beine; beide drehen sich zueinander und begrüßen sich usw.

Zum Abschluss des Spiels eignet sich entweder ein ruhiges Hinlegen der beiden Clowns, oder ein lebhaftes „zur Seite kullern" aller Clowns.

Material

Zwei Zeitungsbögen, auf die mit dicken farbigen Stiften, in der jeweils oberen Hälfte der Zeitung ein Clowngesicht gemalt wird.

Menschen-Memory

Alle Kinder stehen im Kreis. Zwei Memory-Spieler verlassen kurz den Raum. Währenddessen sucht sich jedes Kind einen Partner und überlegt sich mit ihm eine Bewegung. Wenn alle Bewegungen noch einmal vorgestellt wurden (damit es keine doppelten Paare gibt) sucht sich jeder einen neuen Platz aus. Die beiden Memory-Spieler tippen bei Spielbeginn abwechselnd zwei Personen an der Schulter an. Die angetippten Kinder zeigen kurz ihre Bewegung und halten dann wieder inne. Hat ein Memory-Spieler ein Pärchen gefunden, darf er erneut zwei Kinder antippen. Die Pärchen setzen sich auf den Boden.

Variation

Anstelle von Bewegungen können sich die Pärchen auch Geräusche, gleiche Zahlen oder Grimassen ausdenken!

Tier-Lotto

Zur Musik bewegen sich alle Kinder im Raum und stellen dabei eines ihrer Tiere pantomimisch dar. Sobald die Musik stoppt, versuchen alle, möglichst schnell ihren Partner zu finden, der die Karte mit genau den gleichen drei Tieren besitzt. Dazu tauschen immer zwei Kinder ihre drei Tiergeräusche aus und überprüfen danach, ob sie wirklich identische Tiere auf ihrer Karte stehen haben. Falls nicht genau alle drei Tiere übereinstimmen, befragen sie das nächste Kind.

Variation 1

Alle Kinder beschreiben verbal ihre Tiere und versuchen nur über die Beschreibung ihr Partnerkind zu finden.

Variation 2

Das Spiel kann vereinfacht gespielt werden, wenn mehr als zwei identische Karten hergestellt werden, oder wenn nur ein oder zwei Tiere pro Karte abgebildet sind.

Für jedes Kind eine laminierte Karte, auf der drei Tiere abgebildet sind. Jede Spielkarte hat genau eine identische Partnerkarte. Musik.

Märchen-Chaos

Bei Spielbeginn üben alle Kinder drei Figuren des Märchens Rotkäppchen ein: Den **Wolf**, der die Vorderläufe gefährlich hochreißt und dabei brüllt. Die **Großmutter**, die sich nach vorne gebeugt auf ihren Stock stützt und dabei wimmert und den **Jäger**, der mit vorgehaltener Flinte schießt!

Die Gruppe bildet daraufhin zwei Mannschaften und sprechen sich intern ab, welche Figur gespielt wird. Dann stellen sich die beiden Mannschaften in einer Gasse mit etwa zwei Metern Abstand gegenüber. Bei dem Kommando „Märchen-Chaos ab" stellt jeder der Gruppen die vorher festgelegte Figur kurz vor und versucht dann möglichst schnell zu reagieren: Denn die **Wölfe fangen** die **Großmütter** (wollen sie ja im Märchen fressen), alle **Jäger fangen** die **Wölfe** (wollen sie schießen) und alle **Großmütter fangen** die **Jäger** (sind unsterblich in sie verliebt, was aus dem Märchen zwar nicht bekannt ist, hier aber gut zum Spiel passt!). Alle Fänger dürfen nur bis zu einer Endlinie fangen, die im Abstand von zwei Metern zur Raumwand auf den Boden gemalt ist. Die abgeschlagenen Mitspieler wechseln die Mannschaft. Daraufhin wird in den neuen Mannschaften eine Figur bestimmt.

Stellen die Mannschaften dieselbe Figur dar, gib es meist ein wildes Gelächter und eine neue Figur wird jeweils gewählt.

Stille Rückenpost

Alle Kinder sitzen zu zweit im Raum verteilt hintereinander. Das hintere Kind bekommt eine Form gezeigt oder denkt sich eine Form aus und malt sie auf den Rücken des Vordermanns. Der wiederum malt die erkannte Form auf ein vor ihm liegendes Blatt und vergleicht das Ergebnis mit der Vorgabe oder der Idee des hinteren Kindes. Können sich alle Kinder gut auf ihren Rücken konzentrieren, wird die Gruppengröße langsam gesteigert. Jetzt wird die Form von Rücken zu Rücken weiter nach vorne gegeben.

Getränkehüpfen

Bei diesem Spiel lernen die Kinder spielend die Richtungen links, rechts, vorne und hinten kennen! Alle stehen hierzu in mehreren Reihen nebeneinander im Raum verteilt. Auf die gerufenen Kommandos reagieren sie wie im Folgenden aufgeführt:

- **V**ittel oder **V**ita Malz = Hüpfer nach **v**orn
- **H**imbeersaft oder **H**agebuttentee = Hüpfer nach **h**inten
- **R**ote Brause = Hüpfer nach **r**echts
- **L**imo = Hüpfer nach **l**inks
- Cola = tiefe Hocke (Bauchschmerzen)

Sind die Kinder schon soweit eingespielt, dass sie schnell reagieren, kann der Spielleiter auch mehrere Kommandos nennen: z.B. Limo, Limo, Hagebuttentee, Vittel, Cola. Die Kinder führen erst nach der genannten Abfolge die Hüpfer durch.

Variation

Für kleinere Kinder können zur Vereinfachung die gebräuchlichen Richtungsangaben gemacht werden (vorne, hinten, ggf. Fensterseite, Türseite usw...).

Bewegungs-1,2,3

Die Kinder stellen sich paarweise gegenüber und zählen abwechselnd und fortlaufend bis drei. Der eine Partner beginnt mit „eins", der zweite sagt „zwei" und der erste sagt „drei". Klappt dieses abwechselnde Zählen gut, so ersetzen die Kinder die erste Zahl durch eine Bewegung, die sie immer anstelle der „eins" durchführen. Die Zahlen „zwei" und „drei" werden weiterhin genannt. Nach und nach werden alle drei Zahlen durch Bewegungen ersetzt.

Körper-Mikado

Jeweils fünf Kinder bilden eine Gruppe und breiten eine Decke auf dem freien Boden aus. Dann wird ein Kind bestimmt, dass sich bäuchlings auf die Decke legt. Den Kopf gemütlich auf die verschränkten Arme gelegt, spielt dieses Kind den „fühlenden und sprechenden" Tisch beim Mikadospiel. Die anderen 4 Kinder setzen sich als Mikadospieler um das liegende Kind und verteilen nach und nach die Materialien auf dem liegenden Kinderrücken. Danach beginnt das eigentliche Spielgeschehen. Nacheinander dürfen die Kinder versuchen, Bierdeckel vom Rücken des liegenden Kindes zu nehmen. Sobald das Kind etwas merkt, sagt es „Stopp" und nennt das Körperteil, an dem es etwas gespürt hat. Der gerade genommene Bierdeckel darf behalten werden, dann darf das nächste Kind sein Glück versuchen.

Für fünf Kinder jeweils eine Decke. Viele Bierdeckel oder als Alternative Steine, Kastanien, Bauklötze usw...

Der Vorhang fällt

Alle Kinder werden in zwei Mannschaften aufgeteilt und setzen sich mit ihrer Mannschaft auf eine Seite der von zwei Kindern hochgehaltenen Decke. Vom Spielleiter wird daraufhin pro Mannschaft ein Kind bestimmt, das sich ganz nah mit dem Gesicht zur Decke setzen soll. Auf das Kommando „der Vorhang fällt" lassen die Deckenhalter den Vorhang los und die nahe der Decke sitzenden Kinder sollen möglichst schnell den Namen des Gegenübers nennen. Wer langsamer reagiert, wechselt die Mannschaft.

Eine große Decke.

Mann über Bord

Bei diesem Spiel wird ein Kind zum Kapitän ernannt und stellt sich auf einen Stuhl oder Tisch vor das Schiff. Alle anderen Kinder (Matrosen) verteilen sich im Schiffsraum. Der Kapitän kann nun verschiedene Anweisungen geben, die von den Matrosen befolgt werden sollen. Zu den Anweisungen gehören: Heck (alle gehen in den hinteren Teil des Schiffes), Bug (alle Kinder gehen in den vorderen Teil des Schiffes), Steuerbord (rechte Seite) Backbord (linke Seite). Wenn alle Matrosen die Anweisungen gut kennen, kann das Spiel nun erschwert werden.

Variation 1

Nennt der Kapitän vor der Anweisung das Wort „Kommando", so müssen die Kinder die Anweisung befolgen. Nennt er nur die Anweisung, so sollen die Kinder sich möglichst nicht bewegen. Kinder, die dies trotzdem tun, gehen ggf. über Bord und zwar pantomimisch eine Runde schwimmen und kommen dann zurück ins Schiff.

Variation 2

Weitere Anweisungen: Heck schrubben (pantomimisch putzen), Segel hissen (pantomimisch an einer
Leine ziehen), Offiziersball (zu zweit tanzen), Kapitän
kommt (Gasse bilden, der Kapitän schlendert durch
die Reihen, die Matrosen begrüßen ihn) usw...

Material

Seilchen, mit denen die Form eines großen Schiffes
auf dem Boden ausgelegt wird.

Spiele
mit Zahlen

Würfelaugen-Mini-Memory

Ein Satz Karten wird im Raum auf dem Boden verteilt. Maximal sechs Kinder bewegen sich zur Musik um die Karten herum. Bei Musikstopp erhält jedes Kind immer wieder eine Würfelaugenkarte der anderen Farbe und soll möglichst schnell die Partnerkarte im Raum finden.

Variation

Nehmen mehrere Kinder an dem Spiel teil, werden die Würfelaugenkarten entsprechend aufgestockt.

Material

Zwei Sätze laminierte Karten (Größe etwa 10 x 10 cm) mit den Würfelaugen von eins bis sechs. Jeder Satz in einer Farbe. Musik.

Würfelzahl-Schatzsuche

Zur Musik bewegen sich sechs Kinder (oder mehr, dann
die Karten und die Muggelsteine entsprechend aufsto-
cken) im Raum. Wieder bekommen sie bei Musikstopp
eine Würfelzahlkarte, mit der sie zu der Schatzkiste
laufen und auf die Würfelaugen Muggelsteine legen.
Zusammen kontrollieren die Kinder, ob sie die Schätze
den (Schatz-)Karten richtig zugeordnet haben.

Material

Ein Satz laminierter Würfelkarten. 21 Muggelsteine
oder Kieselsteine. Eine Schatztruhe. Musik.

Reise ins Würfelland

Ein Kind würfelt. Die gewürfelte Zahl wird laut gerufen und möglichst schnell im Raum gesucht. Erst wenn alle Kinder beim richtigen Mousepad angekommen sind, hüpfen, klatschen oder stampfen alle die gewürfelte Zahl.

Variation

Wenn die Kinder mit zwei Würfeln spielen, läuft jedes Kind zu einer der gewürfelten Zahlen und alle erklatschen gemeinsam das Additionsergebnis!

Material

Zahlenwürfel. Sechs Mousepads (im Raum verteilt) mit den Zahlen von eins bis sechs.

Würfel-Ausstreich-Staffel

Die Mannschaften stellen sich jeweils hintereinander an eine Raumwand. Die Würfelblätter und die Stifte werden an die gegenüberliegende Raumwand gelegt. Jedes erste Kind einer Mannschaft würfelt und nennt die gewürfelte Zahl der Mannschaft. Das Kind läuft daraufhin zur anderen Seite und streicht die gewürfelte Zahl auf dem Blatt aus. Zeitgleich hüpfen alle wartenden Kinder der Mannschaft, entsprechend der gewürfelte Zahl, in die Luft. Sobald die Mannschaft die Würfelzahl ersprungen hat, würfelt das nächste Kind, nennt die gewürfelte Zahl usw...

Sind bestimmte Zahlen schon weggestrichen, brauchen die Kinder nicht mehr zu laufen, wenn sie diese Zahlen würfeln. Gewonnen hat die Mannschaft, die zuerst alle Würfel auf dem Blatt ausgestrichen hat.

Material

Einen Zahlenwürfel pro Mannschaft. Ein laminiertes Blatt auf dem verschiedene Würfelzahlen gezeichnet sind. Einen wasserlöslichen Stift pro Mannschaft.

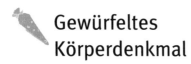

Gewürfeltes Körperdenkmal

Zur flotten Laufmusik bewegen sich alle Kinder im Raum. Bei Musikstopp wird gewürfelt. Die Kinder berühren mit ihren Körperteilen den Boden entsprechend der Würfelzahl. Nach kurzer Präsentation der kreativen Denkmäler laufen alle wieder zur Musik.

Variation

Schwieriger wird das Lösen der Aufgabe, wenn zwei verschiedenfarbige Würfel in das Spiel kommen. Ein Würfel bleibt bestimmend für die Anzahl der Körperteile, die den Boden berühren, der andere Würfel (vorzugsweise ein grüner Würfel) ist der Gruppenwürfel (G wie grün), der angibt, wie viele Kinder zusammenarbeiten sollen. In der Gruppe wird jetzt ausprobiert, ob die gewürfelten Konstellationen als Gruppen-Körperdenkmal umgesetzt werden können oder nicht!

Material

Ein bis zwei große Schaumstoffzahlenwürfel in verschiedenen Farben. Musik.

Körper-Rechnen

Dieses Spiel ist durch begeisterte „Körperdenkmal-spieler" entstanden. Wieder beginnt man mit einem Würfel zu würfeln. Wieder wird mit entsprechend vielen Körperteilen der Boden berührt, wobei jeder Finger als ein Körperteil zählt (das muss bei der vorhergehenden Spielidee nicht der Fall sein). Alle Kinder kontrollieren durch gleichzeitiges Zählen und Anheben von Körperteilen, ob sie die Aufgabe bisher richtig gelöst haben. Dann kommt der zweite Würfel in das Spiel, der angibt, wie viele Körperteile zu den schon auf dem Boden befindlichen hinzu kommen. Wenn daraufhin alle die Körperteile zählen, erhalten sie die Summe aus den zwei Würfeln.

Variation

Drei, vier, fünf usw... Würfel! Was ist maximal möglich.

Material

Mehrere Schaumstoffwürfel.

Memorydetektive im Zahlenland

Zwei Memory-Spieler verlassen den Raum. Alle anderen Kinder bilden Paare und bekommen eine Zahl genannt, die sie als Bewegung darstellen sollen (mit Fingern zeigen, stampfen, hüpfen, drehen usw.). Wie die Paare die Zahl darstellen, entscheiden sie selbst. Nun sucht sich jedes Kind einen neuen Platz im Kreis oder Raum aus und die Memory-Detektive werden hereingebeten und das Spiel beginnt nach den bekannten Memoryregeln. Ein Detektivkind tippt dafür zwei Kinder an, die daraufhin ihre Zahl vorstellen. Wird ein Pärchen „aufgedeckt", darf dasselbe Kind ein weiteres Mal zwei Kinder antippen. Die entdeckten Pärchen jedes Detektivs hocken sich hin bzw. treffen sich in einer bestimmten Ecke.

Treppauf-Treppab

Dieses Spiel wird an einer Haustreppe gespielt. Dazu würfelt ein Kind und geht die entsprechend gewürfelte Anzahl die Treppe hinauf. Gewonnen hat, wer als erster oben angelangt ist.

Schwieriger wird es, wenn zwei Würfel zum Einsatz kommen. Beide werden gewürfelt. Die höhere gewürfelte Zahl bestimmt die Stufenanzahl, die hochgestiegen werden darf, die niedrigere bestimmt die Stufenzahl, die das Kind direkt im Anschluss wieder herunter gehen muss. Wer ist nach fünf oder zehn Spielrunden weiter oben?

Eine Treppe. Ein bis zwei Würfel.

Würfelfußball

Je nach Raumgröße wird im Sitzen oder Stehen mit dem Schaumstoffwürfel Fußball gespielt. Fällt ein Tor, so zählt es so viele Torpunkte, wie der Würfel anzeigt. Bei einem weiteren Torerfolg, wird die neue Zahl zur alten hinzuaddiert.

Material

Schaumstoffwürfel. Torpfosten in Form von Kästen, Stühlen oder Schuhen.

Nachbarzahlen-Rennen

Jedes Kind läuft mit einer Zahlenkarte kreuz und quer durch den Raum. Bei Musikstopp nennt der Spielleiter oder ein Kind eine Zahl. Das Kind mit dieser Zahlenkarte und die jeweiligen Nachbarzahlenkinder laufen zu drei Kästen und stellen sich der Reihe nach auf, wobei das genannte Kind in der Mitte, die anderen auf dem kleineren und größeren Kasten ihrer Zahlengröße entsprechend daneben stehen.

Material

Laminierte Zahlenkarten von eins bis zehn (ggf. bis 20). Drei unterschiedlich hohe Kästen oder Stühle. Musik.

Spiele mit Buchstaben

Buchstaben-Partner

Die mitspielenden Kinder springen jeweils mit einem Buchstaben durch den Raum und singen oder hören dabei ein ABC-Lied. Nach Beendigung des Liedes versuchen sie ihren Partner mit dem gleichen Buchstaben zu finden. Beim nächsten Durchgang tauschen die Kinder zur Musik oder zum Lied die Buchstabendeckel und starten die Suche von Neuem.

Material

Bierdeckel, die mit einzelnen Buchstaben beschrieben werden. Jeder Buchstabe ist doppelt ausgeführt. Ggf. Musik.

ABC Großraum-Memory

Die ABC-Bierdeckel werden verdeckt im Raum auf dem Boden verteilt. Vier bis sechs Kinder spielen dieses Spiel zusammen, indem sie zeitgleich möglichst viele Bierdeckel umdrehen dürfen. Nachdem sie die Buchstaben angeguckt haben, legen sie die Karten wieder verdeckt auf den Boden. Sobald ein Kind eine Karte aufdeckt, von der es den Platz der ersten kennt, darf es mit dieser zweiten Karte zur ersten laufen und beide Karten behalten. Kommen sich zwei Kinder mit demselben Buchstaben, den sie vorher gefunden haben entgegen, behält jeder eine Karte. Ziel des Spiels ist es, möglichst viele Karten (möglichst Doppelte) zu sammeln.

Material

ABC-Bierdeckel in doppelter Ausführung.

Eisenbahn im Buchstabenland

Die Kinder bilden eine Eisenbahn, indem sie sich hintereinander aufstellen und die Hände auf die Schultern des Vorderkindes legen. Zu einem Eisenbahnlied bewegt sich der Zug kreuz und quer durch den Raum und hält immer wieder an Buchstabenbahnhöfen, wo die Kinder mit dem gleichen Anfangsbuchstaben aussteigen dürfen. Alle restlichen Kinder schließen die Lücken der ausgestiegenen Kinder und fahren weiter. Natürlich dürfen die Kinder auch wieder zusteigen.

Variation

An jedem Buchstabenbahnhof liegt ein Reifen. Um den Reifen herum befinden sich Gegenstände, die zum Teil mit dem jeweiligen Buchstaben beginnen. Nun sollen die Kinder die passenden Gegenstände in den Reifen legen. Die Ergebnisse werden mit allen Kindern überprüft.

Material

Teppichfliesen oder Mousepads, auf denen sich jeweils ein Anfangsbuchstabe der mitspielenden Kinder befindet. Beginnen mehrere Kindernamen mit demselben Buchstaben, so ist trotzdem nur ein Mousepad nötig.

Buchstabensuppe

Zur Vorbereitung wird auf jeden Tennisball entweder ein A, E, I, O oder U geschrieben. Auch die Eimer werden mit diesen Vokalen beschriftet. Die Tennisbälle werden im Raum verteilt, die Eimer in erreichbare Höhe aufgehängt, oder aber in Ecken gestellt. Alle Kinder krabbeln durch den Raum. Sobald die Spielleiterin einen Buchstaben nennt bzw. einen Tennisball zeigt, werden diese Bälle in den dafür vorgesehenen Eimer geworfen.

Variation

Wer dieses Spiel als Wettspiel spielen möchte, teilt die Kinder in fünf Buchstabengruppen ein. Jede Mannschaft sitzt anfangs unter bzw. neben ihrem Eimer. Sobald das Startzeichen ertönt, sucht jeder nur nach seinem Buchstabenball, den er umgehend in den Eimer wirft. Wer zuerst alle Buchstabentennisbälle im Eimer hat, bekommt einen Punkt. Nun bekommt jede Mannschaft einen neuen Buchstaben zugeordnet.

Material

Viele alte Tennisbälle. Fünf Eimer oder Kartons. Schwarzer Edding.

Buchstaben-Staffel

Vor jeder Staffelmannschaft liegen verdeckt Buchstabenkarten, die Buchstabenstempel liegen an der gegenüberliegenden Wand. Das vorderste Kind deckt eine Karte auf, zeigt sie der eigenen Gruppe, legt sie sichtbar auf den Papierbogen, um danach schnell den entsprechenden Stempel auf der anderen Seite zu holen. Die restliche Gruppe versucht, den Buchstaben mit den eigenen Fingern zu formen. Neben der Buchstabenkarte wird daraufhin der entsprechende Buchstabe gestempelt. Das zweite Kind startet, sobald das erste Kind mit dem Stempel zurück kommt und es abschlägt.

Hinweis

Unter dem Papierbogen sollte eine rutschfeste Malunterlage (Büro-Schreibunterlage) liegen, damit die Stempel in der Staffelbegeisterung keine Flecken hinterlassen.

Buchstabenstempel. Kleine laminierte Buchstabenkarten. Papier.

Bleibandbuchstaben-geschichte

Jedes Kind sitzt mit einem Bleiband im Kreis, hört die Buchstabengeschichte und legt zeitgleich die beschriebenen Buchstaben mit dem Band auf den Boden.

Bleibandbuchstabengeschichte

Ein I das liegt da ganz für sich und langweilt sich so fürchterlich!
Streckt sich vom Scheitel bis zum Schuh und formt sich plötzlich dann zum U!
Ein U das liegt da ganz für sich und langweilt sich so fürchterlich!
Es wackelt und zappelt kurz „wunderbar", und formt sich schließlich dann zum A!
Ein A das liegt da ganz für sich und langweilt sich so fürchterlich.
Träumt plötzlich von Sonne, Meer und Klee und wandelt sich zu einem E!
Ein E ist nun richtig glücklich und froh und kugelt sich zu einem O!

Das O, das denkt sich nun: „Lass die anderen mal kräftig tun, ich bleib hier lieber liegen und will mich hier ausruh'n!"
Und wer aus dem O jetzt nichts anderes macht, der legt sich daneben, ich wünsch „Gute Nacht!" Wer aber weitere Dinge formen möchte und kann, der fängt eben an!

Material

Für jedes Kind ein Bleiband (ca. 60 cm Länge).

Der Zoo-Zauberer

Ein Kind spielt Zauberer, stellt sich vor die Gruppe und sagt: „Ich bin der Zauberer Tim (Ole, Leon, Lisa usw.) und verwandle euch in T wie Tiger (Ole: O wie Ochsen usw.). Alle Kinder spielen so lange das genannte Tier, bis der Zauberer ein Kind abgeschlagen hat, dass nun zum Zauberer wird, bzw. einen neuen Zauberer aussuchen darf.

Material

Ein Zauberstab.

Bewegte
Anlaut-Geschichte

Um dieses Spiel zu spielen, müssen die Kinder verschiedene Anlaute schon erkennen können. Folgende Regel lernen die Kinder vor der Durchführung: „Hörst du ein E geht auf die Zeh, hörst du ein O setzt dich auf den Po"!

Zu dieser noch recht leichten Regel wird daraufhin eine Geschichte erzählt, welche die Kinder bewegt begleiten, indem sie richtig reagieren, wenn ein O oder E im Anlaut zu hören ist.

Oma Elli möchte mit Elisa Obst einkaufen. Da Elisa für ihr Leben gern mit ihrer Oma zusammen ist, zieht sie schnell ihre Schuhe an, drückt Opa einen dicken Kuss auf das Ohr und geht an Omas Hand. Auf dem Weg zum Markt, planen Oma Elli und Elisa ihre Einkäufe. Auf dem Markt angekommen laufen Elli und Elisa direkt zu ihrem Lieblings-Obststand, wo Herr Emil Erdinger schon viel zu tun hat. Als Oma und Elisa endlich an der Reihe sind, kaufen sie Äpfel, Bananen, Orangen und eine Mango. Elisa möchte gerne zusätzlich Erdbeeren kaufen, aber die gibt es nur im Sommer. Oma bezahlt,

Elisa beißt schon einmal in einen Apfel und die beiden
gehen gut gelaunt zurück zu Opa.

Variation

Neben den Vokalen O und E können weitere Buchstaben im Anlaut natürlich auch bewegte umgesetzt werden: Hört ihr ein I geht in die Knie, hört ihr ein A ruft schnell „Hurra", hört ihr ein U klatscht laut dazu.

Namenssalat

Zur Vorbereitung werden Blätter mit den Namen der Kinder an die Wände des Raums geklebt. Falls die Kinder ihre Namen noch nicht erkennen, werden die entsprechenden Fotos direkt daneben geklebt. Die Mousepads werden auf dem Boden im Raum verteilt.

Die Kinder bewegen sich zur Musik frei im Raum. Bei Musikstopp wird ein Name genannt. Alle Kinder versuchen diesen Namen an der Wand zu finden. Für jeden Buchstaben des Namens wird ein Kind ausgesucht, das diesen Buchstaben im Raum finden soll und ihn in die Mitte bringt. Dort legen die Buchstabenkinder den Namen mit Hilfe der Vorlage an der Wand selbständig auf dem Boden aus. Kontrollperson sollte das benannte Kind sein. Daraufhin werden die Buchstaben wieder verteilt und das Spiel beginnt erneut.

Material

Große Blätter mit den Vornamen der Kinder. Ggf. Fotos der Kinder. Tesafilm. Mousepads (oder Teppichfliesen, Memorykarten) mit den Buchstaben, die im Namen der Kinder vorkommen (Doppelnennungen möglich). Musik.

Der Großraum-Computer

Die Mousepads werden eng nebeneinander und untereinander zu einem Quadrat gelegt (sie bilden die Tastatur). Die Tafel steht vor der Tastatur. Ein Kind darf nun seinen eigenen Namen auf der Tastatur „erspringen" und daraufhin den Namen an die Tafel schreiben.

Variation

Als Partnerübung gespielt, steht ein Kind neben der Tafel und notiert die Buchstaben, die das andere Kind erspringt. Aus den Buchstaben soll erst einmal wieder der Name entstehen, später auch Quatschwörter, welche die Spielleiterin danach vorliest.

Material

Mousepads mit Buchstaben von A bis Z. Eine abwaschbare Tafel.

Don Bosco MiniSpielothek
Klein, fein, alles drin

ISBN 978-3-7698-1531-3

ISBN 978-3-7698-1532-0

ISBN 978-3-7698-1533-7

ISBN 978-3-7698-1729-4

ISBN 978-3-7698-1730-0

ISBN 978-3-7698-1731-7

ISBN 978-3-7698-1521-4

ISBN 978-3-7698-1520-7

ISBN 978-3-7698-1522-1

ISBN 978-3-7698-1614-3

ISBN 978-3-7698-1615-0

ISBN 978-3-7698-1613-6